DE TODO LO QUE PASA EN MI CALLE

DE TODO LO QUE PASA EN MI CALLE

Joaquín Castillo

Zompopos
El libro es un Zompopo

DE TODO LO QUE PASA EN MI CALLE
Copyright © Joaquín Castillo Díaz, 2019
© D.R. The Zompopos Project: El libro es un Zompopo
   Élitro Editorial del Proyecto Zompopos
   http://editorialzompopos.blogspot.com/
   E-mail: AlaEditorial@zompopos.org

Imagen de portada: Dibujo a lápiz © D.R. Jhonatan Núñez

Todos los derechos reservados.
No se permite la reproducción total o parcial, en ningún medio o formato, ya sea electrónico o mecánico, incluyendo fotocopias, grabaciones, o por parte de cualquier sistema de almacenamiento y recuperación de datos —exceptuando a reseñantes y críticos quienes podrán citar breves pasajes para reseñas en revistas o periódicos— sin la autorización previa y por escrito del titular del copyright. Se ruega no participar ni fomentar la piratería de material bajo copyright en violación de los derechos de autoría. Comprar solamente ediciones autorizadas.

All rights reserved.
No part of this book may be reproduced or transmitted in any form or by any means, electronic or mechanical, including photocopying, recording, or by an information storage and retrieval system —except by a reviewer who may quote brief passages in a review to be printed in a magazine or newspaper— without permission in writing from the holder of the copyright. Please do not participate in or encourage piracy of copyright materials in violation of the author's rights. Purchase only authorized editions.

ISBN 10: 1-946264-01-6
ISBN 13: 978-1-946264-01-5

Hecho e impreso en EE.UU. / Made and Printed in the USA

Índice

Prólogo ix

De todo 1

    DE TODO LO QUE PASA EN MI CALLE Y CÓMO TODO ES VERDAD COMO MI MANO EN EL AGUA 3

    Noticia 5

    Caídas 7

    Locus chaos 8

    Poema que te doy 10

    Desesperación 11

    No sé cómo nombrarme 12

    Trato 13

    La herencia 14

    Declaración 15

    Amor vertical 16

    Recordando a Zalamea 17

    La hija de nadie 18

    Breve descripción de un cadáver 19

Lo que pasa 21

    Cumpleaños 23

    Ciudad de Dios 24

    Caution 25

    Retrato de una mujer contemplando su retrato 26

    Secreto 27

Nuestra 28

Las falanges 29

Los ojos de la noche 30

En mi calle 31

Grito a mi barrio 33

Los desgraciados 35

Croquis 36

El vidente 37

Preguntas en este callejón 38

Separación del no pez 39

Propio búho 40

APSK 41

Confesión 42

Impresión 43

Biografía del Yo 44

Ena 45

Prólogo

Meditaciones sobre Joaquín Castillo

Un río que va arrasando su ribera, la poesía que se produce desde la realidad más honesta y sincera posible, única y humana. Hallar esas venas latentes aún es tarea aguda, objeto punzante que traspasa el corazón. Quiénes serán los llamados a semejante martirio. Aedos de los rincones coloniales, criaturas de los cafés, los bares y las bibliotecas, todos leen y escriben libros, una década llena de corazones. ¿Esta será la vida?, y si lo es, quién es Joaquín Castillo, asombroso poeta, puesto en el camino como por dictamen de un hado maravilloso que no busca otro beneficio que la humildad de crear lo que a su gusto merece ser leído. Nos reservamos discutir si esto es realmente una idea humilde y más bien pensamos que es una fórmula propia y, como tal, un delirio, un poeta no es más que un sueño vivo que se acuesta y se levanta rumbo a la infinitud del vórtice de sus visiones.

La de Joaquín es una poesía que se le ha visto rayada en las paredes de sus cuatro muros, escrita casi manchada en pedazos de papel y cuadernos de exestudiante, Raskólnikov sin hacha. Situación que es interesante en el momento, pero los poetas se mudan, las paredes son pintadas y los papeles se pierden o mueren como seres que envejecen, como nosotros que lo conocemos y hemos leído sus versos. Sin embargo, los libros son más duraderos, pueden ser inmortales si traen tinta de poeta, que es su sangre, y vida que se reproduce en cada lectura. Por eso es una alegría decir **De todo lo que pasa en mi calle** es el primer libro publicado por nuestro autor, quien, desde una pequeña comunidad de La Vega, ha saltado a la primera línea de notables poetas de esta generación de los dos mil y tantos.

Su estilo es irregular, no se vale de preciosismos ni de pulimientos minuciosos. Es rico en matices, sus estados de ánimo fluctúan desde la más honda tristeza a la ingenuidad, al arrojo y la indignación social, pues nuestro poeta dice y nombra en su *"estado pollo"*, con sus adjetivos largos y muchas veces novedosos e inesperados *"tu nombre, ese bicho silábico*", por ejemplo. Buena parte de su poesía es valorativa, de ahí los abundantes calificativos. Su apatía por los convencionalismos, tanto estéticos como morales, es otro de sus aciertos. Las nuevas aperturas del amor, la línea difusa de la identidad hombre mujer, hacen vibrar sus versos desde las médulas humanas indistintamente.

Versos largos, otros quebrados, producen ritmos confusos que logran admirables repuntes, convirtiéndolo en un enemigo de la recitación. Sus textos suelen ser densos, no guardan mito alguno, son testimonios de cómo el *fatum* se nos cae encima o nos arrastra al gris de las páginas anteriores de la siempre vida.

> *Yo, propio perro esperándome en la puerta.*
> *Yo cósmico y antipoliciaco,*
> *nocturno y arrugado de preguntas, caminador silencioso de mí mismo,*
> *entre hombres-paloma, entre querubines subdesarrollados*
> *y de oficina*

Aquí el hastío por la rutina y su contenido vulgar. Pero nada más claro, ni tan amargo, como estos dolorosos versos de uno de los primeros poemas:

> *Esto es una confesión,*
> *el documento de un hombre*
> *que se derrumba sin permiso en la tristeza.*

De todo lo que pasa en mi calle es, en su esencia, doloroso; un trayecto difícil pero auténtico, revelador del hombre de su época, apabullado por la saturación y la velocidad de su entorno. Señoras católicas, banqueros, albañiles, rubias sifilíticas, vendedores ambulantes, etc. son parte del flujo, la simbología exterior con que el poeta empieza a describir cuanto alcanza a ver:

> *el vendedor de frutas desdentado,*
> *el albañil que tiene las manos de concreto desnudo,*
> *el impotente y penoso médico.*

El libro está dividido en tres partes (De todo; Lo que pasa; y, En mi calle) que al unirse forman el título general del poemario. Por lo demás, cada poema es independiente del otro; todos abordan la decadencia, el destino, la belleza y la mujer, pero sobre todo el yo.

En tiempos en que escasea la seriedad y las mentes son vallas digitales sonriendo en mil colores a los placeres más innecesarios, es preciso expulsar el grito y proclamar los fundamentos, las cuestiones de peso. Joaquín dirá entonces *"Si hay crisis, el yo viene con soluciones adecuadas"*, única fuerza capaz de despejar la confusión y darle un sentido, aunque en cierto modo una mentira o una verdad con fecha de caducidad, porque todo, y esto es inevitable, terminará por derrumbarse. El poeta Franklin Mieses Burgos también llegó a afirmar que el individuo (para nuestro caso el yo) es la mayor conquista de la humanidad, esta conciencia universal del uno mismo ha sido vista como el oro, luminosa, o como el fuego libertador del conocimiento.

Es la profundidad de sus versos y su prosa la que da a **De todo lo que pasa en mi calle** sus momentos memorables. Las reflexiones acerca de sí mismo (Joaquín), la miseria de los ambientes y las almas, crean ese vórtice intenso, condición que aísla y sume en el silencio hasta decir: *"Hace días que no nos abrazamos la humanidad y yo, tanto que la tengo reunida en mi mano, de pretexto"*.

Joaquín Castillo definitivamente arma el viaje, de él, el que nunca será tuyo ni nuestro, pues lo ha proclamado como suyo con voluntad lírica. La lectura de sus poemas me ha dejado raras impresiones (siempre asombrosas). Sabe ser original y provocador, quizá con ambición de socavar los suelos firmes para invocar temblores, para que surjan nuevos continentes; es así como se encauza en la tradición, subversivo y, algunas veces, indiferente.

José Ángel Bratini

De todo

DE TODO LO QUE PASA EN MI CALLE Y CÓMO TODO ES VERDAD COMO MI MANO EN EL AGUA

Mira en la esquina
cómo todos se disputan segundos de vida,
cómo se escurre la gente por los codos de la calle,
cómo las señoras se ponen su poquito de moral,
para ver con ojos católicos a los transeúntes
más o menos ordinarios;
además, cómo esa muchacha rosada y *Victoria Secret*,
rebusca impaciente el pedazo de sonrisa
que tiene reservada para los momentos oportunos.
Y mira cómo ese enano
(paralelo a la desgracia de los hombres,
yo diría demasiado inteligente
para darse cuenta de su condición)
saca del bolsillo
derecho y roto
un beso para el fantasma
(vestido de doña)
que vende empanadas en la esquina
donde el olvido dejó
manchas de sangre llorando.
Pero te digo una cosa:
no hay que apretarse de impotencia por dentro,
ya que nada se compara a este paisaje de sombrillas
que laten al son del sol del Caribe.
El abogado con una araña en el pecho,
el epiléptico de ojos definidos
y preguntador de Dios
entre los que lo pisan y una mueca feísima,
el vendedor de frutas desdentado,
el albañil que tiene las manos de concreto desnudo,
el impotente y penoso médico
que muere (al pie de su enfermo)
de vida,
el banquero y su panza reluciente de banquero,
la rubia sifilítica,

el carnicero que tiene problemas personales con Shakespeare,
el hombre-niño-azul que va al matadero de la ortografía,
la niña cuasimpúber que vende, a bajos precios, sus pedazos,
la oficinista que se disfraza de oficinista.
Toda esta masa, amasada por este maldito jueves sobrio.
En esta calle todo se desintegra;
el viento va dando gritos junto a los letreros pintados de rojo,
las calaveras se mueren de hambre al faltarles las quijadas,
sordas caricias vuelan a siniestra por la piel de gallina
de esta maldita esquina de alcohol y cemento.
Ahí van todos,
podridos por la luz, que es la culpable; regalándose, sin tocarse,
miradas de madera.

Noticia

Dirán de mí que perdí el tiempo,
que no tomé nada en serio,
que aféitate.

Y es verdad: primero porque pasé de largo
por donde estaba la bulla de los que viven.
Y después
porque la palabra serio,
con sus dicotomías,
sus costillas, su sangre, su pelo,
nunca me dio risa.

Ahora bien,
hay que admitir que hay verdades tan amargas
como tragarse a un amigo.
Hay que admitir
que estamos absolutamente en nuestro estado pollo
y también,
y esto es casi un problema personal,
que nos vamos haciendo nadie, como nunca antes.
Esto es una confesión,
el documento de un hombre
que se derrumba sin permiso en la tristeza;
esto es el testimonio de un hombre que, ahora,
con todos los laureles de luto que tiene la bandera,
se orina honrosamente en la patria
y se saca los mocos
para el espanto de las ratas de pie.

Dirán de mí que todo lo que dije ahora y lo que dije mañana o algún día,
no valió la pena siquiera de las señoras embalsamadas.
Dirán que no tomé nada en serio,
que el tiempo me perdió,
que nos perdimos mutuamente
y que por eso hay paz en los pasillos...

Sin embargo, el día me reclama:
no puedo pasar de largo por la tristeza de esa muchacha
que no ha muerto tanto,
por el dolor del viejo niño al que se le pudre la vida adentro.
Dirán que estas son palabras que se le sobran a cualquier hombre…
Por eso lo escribo todo con saliva,
con cierto olor a música en el aire.

Caídas

I
Antes que nada
llegará un momento en que tendremos que habitar
las fronteras de la sangre
para palidecer los mapas de manos
que se han secado en un florero
y que uno siempre confunde con manos.

Un día caerán gotas en forma de minutos
o jirones de labios que duran un minuto.

Esa vez tendremos miles de brazos atados,
entonces la tierra perderá la vergüenza y nos dará toda la tierra,
y el cielo, ese hombrecito vallejiano y de ojazos pequeños,
llorará como si lloviera,
llorará como llueven las mujeres.

Entonces lo perderemos todo con alegría,
incluso lo ya perdido lo reperderemos.

II
Después caerán labios en todas partes:
en las azoteas, en las frentes;
en los vientres más rotos;
en la oficina, el despacho, la aurora.

Caerán labios en las cosas.
En la cédula de identidad (y electoral), en el alma, el amor y las zapaterías.

Caerán labios en todos los lugares deslabiados.
Los labios se llenarán de labios.
Ya no habrá que comprarlos y nadie confundirá tus labios con los míos.

Los muertos tendrán su labio prometido.

Entonces nos miraremos todos por encima del hombro y del hombre
y la tierra caerá a nuestros pies como caen los labios en la guerra.

Locus chaos

Está bien,
les regalamos los brazos,
la boca y la nariz,
y todo el inventario inútil que nos queda.
No nos importa que nos dieran duro en la cabeza:
sólo cuidamos la orilla del arroz y nos sentimos igual
a aquél que va al mercado y se queda tranquilo
al ver un saco de papas.
A nosotros no nos molesta el olor de los muertos,
el hedor propio.
Estamos acostumbrados al calor de los bárbaros
que se acercan a nuestra transparencia, a nuestra humedad personal.
No nos molesta nada, por lo menos nada nos despierta
y eso basta y sobra para que sobre oro.

Buscamos solamente algún refugio en los ojos de las mujeres
que se nos caen por todos lados y la tarde.
Rebuscamos los vientres que mataron la historia:
la que nos durmió la sangre,
esa que nos vistió de colores/inocentes
a la hora promedio en que la noche se llena de gusanos.

¿Es por eso que morimos?
¿Habrá que cortarle la cabeza a esta historia para recién nacerla?
¿Habrá que buscarla como a una vaca larguísima que nos dé su beso intelectual?

Les dimos la nariz, y eso está bien,
pero aún podemos oler putrefacta nuestra historia.
Es verdad que el tiempo nos comió la cara.
La luz no nos dejó oír lo que tuvimos en la boca.
Dios se hizo nuestro dios
y el verbo trabaja en la máscara.

Por eso les dimos la boca, pero la palabra aún nos cuelga
en la garganta,
esa palabra que debería decir todo lo que el hombre desnuda.
Les dimos los brazos,

pero el estómago se nos revienta
con la delgada línea del que espera que nadie venga a verlo.

Es posible que nuestras lágrimas
sobre nuestras propias tumbas
valgan menos que las lágrimas de cualquiera,
aunque no sea posible.
Hoy nos reímos hasta el vaso,
hasta una mujer que nos hace pensar
en todos los rincones,
en los que para llorar solo se necesitan las manos.

Es casi verdad que les dimos todo
y pedimos perdón por sentirnos
como un gato que se acuesta, lentamente, en la música.

Poema que te doy

Yo te entregué las manos, mi condición
más canina de hombre.
No te prometo sino blancos dolores,
un cuarto con espejos en el techo,
dos pájaros que vestiré de manos
y este día,
que es el mejor sitio que puedo regalarte.

Desesperación

Hoy, un día cualquiera,
siento un sabor en la boca
de como si la vida empezara
ahora mismo,
de como si las cosas me dieran su latido más propio.
Precisamente ahora me doy cuenta de que ese perro
con su ladrido me despierta un muerto,
justamente hoy en que te nos fuiste de mi lado,
a 2 culebras por segundo.

Pues mira, hoy te escribo una carta a nadie,
te la mando envuelta en un olor espeso.
Te envuelvo con ella
para que ese pájaro, allí arriba, no vuele de frío.

Te dejo este documento estridente,
sólo para tener constancia de la incertidumbre que nos deja la noche,
mientras yo camino los caminos que se caminan:
me iré como ese caballero del que se sabe
que nació muy temprano a su muerte.

Sé que no estarás para entonces,
en los momentos de vergüenza,
ni en los aplausos de manos enguantadas de mis prójimos,
ni en la sonrisa caliente del café.

Hoy conjugaremos el verbo *perro* en esta silla desde su hombre.
Y en este día,
que es uno cualquiera,
nadie nos curará este
dolor en mí.

No sé cómo nombrarme

No es que no quiera arrancarte del sueño que te muere
o atravesar a puñaladas amarillas el futuro que te han preparado.
No es que no desee pisar con tu pie más redondo
el lado acucarachado de la vida
que a empujones
te afila los dientes.

Y hay más.
Pero no cabe en mis palabras.
Prefiero decirte que prefiero las lágrimas
que se quedan por debajo del ojo
y acompañan la sangre
a secarse con ella
hasta que todo un hombre se apolille.

Pero tu nombre de nieve interrumpe el camino que lleva hacia ti,
y hablo.

Tu nombre, ese bicho silábico,
te amarra la boca
y tú luchas
como quien lucha contra el cielo
y todo su armamento metálico de dioses
a los que les faltan ojos.

¿Qué te han hecho tanto?
¿Por qué no escucho tus rodillas como 2 gotas de miel
que endulzan lo poco que nos queda de muerte?
¿Qué te han hecho, por qué ya no te cabe ningún día en las manos?
¿Cuántas hormigas te comieron el corazón para dejarlo entero?

Hoy tu boca me mira desde lejos,
tu voz me recuerda una lágrima,
y estoy solo una vieja vez más.

Trato

¿Por qué no nos ponemos de acuerdo?
Por ejemplo, para quitarle la máscara al día.
Escupir de tinta las paredes de todos los barrios,
de todas las casas, de toda la sal.
Ponernos de acuerdo en asuntos funerarios,
morir con todo el cuerpo, con todo lo que sale de él, las penas o las
                                        transmigraciones,
con lo que se le cae, recoger las sobras del cuerpo,
llenarlo de dibujo o de mujer,
depositarlo en su propio espacio,
consolarlo de tanto camino recorrido inútil.
Levantar contenedor del cuerpo y darle sentido,
resurrecciones y sus tarifas fijas de prostitución.

Ponernos de acuerdo con la mano,
su remota caricia, su enemistad íntima con la otra,
la del portador, sacarla de su mundo finito de dedos huérfanos,
sacarla a pasear, a tomar el sol con perrito incluido,
invitarla a intelectuarse, a tomar una distancia discreta de anteojos,
acariciar la mano del enemigo
que queremos reventar como lo haría Dios.
Pasarla a otro con los mismos derechos de existencia.

Hay que ponernos de acuerdo con este sol,
colocarlo todas las mañanas en el marco de la ventana
para que nos despierte, otra vez
frente al hermano que nos espera allá afuera,
donde la vida pide pan.

Ponernos de acuerdo con los ojos
frente a este aire de cianuro y cuentas Corrientes.
Frente a tantos imbéciles que florecen en cada esquina como por
                                        orden divina.
Ponernos de acuerdo por primera vez para romperle la madre a los
                                        delegados y al silencio.

La herencia

Estamos parados sobre lo que nos han dejado nuestros muertos:
un paisaje de niños reventados de tiempo,
mujeres que no soportan el pudor que les atraviesa las piernas
y hace que su sexo sea ese pez palpitante y tierno
que todo hombre espera masticar malicioso.

Nuestra herencia la llevamos como una maldición colgada.
Nos han dejado amaneceres sin ojos,
una distancia de hombre por cada uno de nosotros;
nos han dejado para nuestra tranquilidad
a los devoradores de plegarias muertas,
a los devoradores de pan muerto,
a los inmensos devoradores de la palabra viva.

La historia y ese aire de hijos miserables
confirman nuestra orfandad,
la que nos han legado, plácidos,
nuestros fenecidos constructores del mito.

Y todo esto para confirmar que ninguna herencia es inhumana,
que todo se hizo para nosotros,
los elegidos, los preferidos del dolor y las cavilaciones.

Declaración

A veces hace falta que el oído nos revele cuánto nos queda
de día en la boca,
de amor en las manos.
Yo, propio perro esperándome en la puerta.
Yo cósmico y antipolicíaco,
nocturno y arrugado de preguntas, caminador silencioso de mí
mismo,
entre hombres-paloma, entre querubines subdesarrollados
y de oficina,
entre mujeres que son dos mujeres
y choferes desteñidos...
Salgo a defender esta inmediata pena que nos rodea por el pecho
invisible de esta isla, lo protejo
con el cuerpo lleno de palabras,
como un perro
al que le sale un hombre del costado.

Amor vertical

Ahora, mientras me sabe a boca la leche,
hablo con tu nombre por lo cercano que tiene a pan,
y aparecen, de pronto, los inútiles seres que he asombrado,
armados de amor hasta los dientes,
y estás tú con tu primera máscara
dándole al pobre tiempo tus piernas alquiladas
a cambio de esa seguridad que no te dejará dormir tan tranquila…

Del otro lado está la voz rota de los días,
el cariño dañino de madres fantasmas
hechas de orillas de nada y bocas absolutas.

El penoso no encuentra sus zapatos,
la niña tiene un airecito de mariposa terrestre
y el mundo, las plegarias y el común de los días, van a dar a un sólo
                                                             lugar solo.

Sin dejar, ahora mismo, que este amor vertical lluvie entre nosotros,
o que se pudran las palomas, que caen como miradas tristes, en los ojos.

Mientras eso pasa
te espero
en el larguísimo trayecto que hay de mí a mí.

Recordando a Zalamea

En esta hora las horas caen de los relojes
con la lástima de gotas en los huesos.

Veo bocas buscando palabras
que mueren dobladas al encuentro del órgano en gravedad.
Y no consigo huir de mí.
¡Justamente a mí venirme a tocar ser yo!

La lluvia, que no pide permiso para caer,
cae irremediablemente sin permiso sobre la madera que se pudre;
sobre el hombre que se pudre;
sobre el perro que destroza el latido del papel;
sobre la vieja costumbre de quererse que se pudre;
sobre la mujer que pasa con su acuario
palpitando intermitentemente su soledad.

Yo guardo silencio. Guardo mucho silencio para cuando no haya.
Lo guardo en todos los bolsillos que me faltan,
en todos los huecos,
en mi pecho-hueco guardo mucho silencio.
Y lo guardo para cuando vengan los repartidores de caricias
con papeles falsos de la aurora,
o los podadores de la primavera.
Lo guardo donde va la palabra
para preguntar un día,
cuando las horas dejen de matarse irremediablemente,
cuánto nos durará este peso en el amor,
tanta soledad sin tanto cuerpo.

La hija de nadie

Cómo me gustaría estar ahora
viendo como ves
el momento en que las flores
se automarchitan
sin prometerse cielo,
bajando a su absoluto,
a encontrarse de frente
con la nada de tus ojos.

Breve descripción de un cadáver

Siempre anduvo con su cuerpo a cuestas.
Los pájaros de azufre lo perseguían por dondequiera.
Reía de un solo lado de la cara.
Creyó en el amor que da un color amarillo a las cosas.
Nunca tuvo nada para después no llorar frente a su esqueleto.
Se despedía de todas las formas como si las volviera a ver.
Conjugaba su pecho en tercera persona.
Le habían dicho que nació: fue lo único que puso en duda de toda su muerte.
El arte contemporáneo para él era un camión estrictamente rojo.
Le gustaban los humanos: se los encontraba ricos, por eso se los comía con vinagre.
Lloraba madres.
Cuando alguien elegía sus manos para vivir, sucedían manzanas.
Tenía el doble de sus años.
Era flaco, extranjero y se ponía negro.
Sentía que se estaba perdiendo, que era el propio ladrón de sus huesos.

Lo que pasa

Cumpleaños

Los años se han puesto viejos de olor en la espalda. Mi nombre se da de comida por las plazas a los gorriones tiernos donde el sol se traga los días... y caballos que no fingen morir de temblor en las pupilas de una mujer que se dobló perfecta en la lluvia, beben del río que la madre dejó huérfano. No le creas a esa naturaleza muerta de ojos empupilados por los bolsillos llenos de ternura, miente siempre, hasta cuando miente miente. Créele a lo que nos agazapa, nos revierte cualquier gesto, el ego o el supermercado.
Mi cuerpo, por ahora, es sembrado donde inútiles seres de dolor limpian sus labios y ojos como cristales recién despertados; un remedio del antiguo amante que ya no nos habla. Y paso —igual al cielo, indiferente frente a sus espaldas en este valle de fe, de huesos.
Hace días que no nos abrazamos la humanidad y yo, tanto que la tengo reunida en mi mano, de pretexto.
Yo mantengo la distancia y me acuesto —como el pájaro en el vientre del símbolo— al lado de mi garganta.

Ciudad de Dios

Santo Domingo, llueve. La calle, como un jadeo se disuelve entre las gotas que alquitranan la piel del pavimento, ya es una pobre vieja mutilada, maltratada por las pisadas delicadas de los gobernadores que se disputan la bondad. En la calle lluviosa las hay quienes salen a quitarse la piel, tiran un ojo a cualquiera, un brazo que va a parar a un charco de agua sucia, cerca de las inclinaciones. Llueve todo el tiempo, sobre las bocinas jadeantes, los lirios y la bulla sorda de la calle. Este es uno de los asilos del Señor, por eso todo es válido. Nada de mandar a callar a las bestias. Nada de ser o estar. Nos piden que amarremos el cerebro a las patas de los asnos. Que callemos si no queremos que nos desgarren las palabras; nos suplican que nos arrinconemos muy cerca de la calle y su humedad, que donemos todo lo que traemos: las ideas, los cigarrillos, las manos, los condones, el orgullo, los nombres que guardamos en las pupilas, la foto maltratada por el roce de la cartera húmeda. De todo esto, lo que más les importa son las manos; con las manos se tuercen las ideas y se rompe la foto maltratada, con ellas se ensucia el orgullo y se borran los nombres que guardamos muy bien en las pupilas; con ellas se puede liberar a este hombre que ha decidido por primera vez señalar con su dedo mayor nuestro abandono, la suciedad y la careta, que de tanto llevarla, se hizo nuestra, como si no pudiéramos desprendernos de su estampa. Pero la lluvia hace que todo se olvide y nos damos besos a precios de feria, para oxidarnos sonrisamente.

Caution

Días en los que en los es que mejor cogerse de las manos, sonreírse y llevarse a tomar un poco de baba del océano. Días en los que decirse la verdad sin escrúpulos y hacerse llorar hasta que nadie se dé cuenta. O esos en los que hay que absurdarse, quitarse la camisa, el pantalón y lavarlos de las miserias cotidianas, las machas accidentales, el sabor a moneda.
Días de hacerse un chiste y no hacer nada para que el mundo cambie. Acostarse y cerrarse los ojos como almacenes, decirse buenas noches; con mano suave no dejar caer los sueños y despertar mirándose a los ojos y decirse: maldito, te amo.

Retrato de una mujer contemplando su retrato

Me dijeron que tu vida está lejos; que no sé ni comprender tu risa a
                                                    mitad de la tarde,
que voy moribundo por las calles, solo y abogado.
Esperando un a veces se asome al abrazo de la sangre del viento que grita.
Estás lejos y sería demasiado no desear esta pena.
Y no comprenderé por qué tu risa
vino hasta aquí a destapar este saturado silencio;
por qué dejó este olor incalculable en el soplo que habita en mis ojos.

Secreto

Me haré una isla.
La llenaré de cosas luminosas:
una vaca, una mujer, manos limpias, artefactos que sirvan de sombra.
Otro sol alumbrará mi isla,
porque será independiente y mía,
auténticamente isleña y suave,
no como esta que ostentan, inquisidores, ustedes;
no como esta que me imponen.
La cara de mi isla no tendrá muecas inconclusas
ni vaivenes siniestros coloniales.

Se los advierto, me haré una isla. Cabalmente mía.
Me acompañará a naufragar a islas desconocidas.
Ella y yo seremos libres como viejos almanaques olvidados.
La lluvia que nos caiga será luz y asombro,
nos asombraremos,
será asombroso
y no importa si nos creen o no,
ella y yo seremos nuestro centro.

Dejaremos de jugar a esta existencia
donde las cosas han perdido su pequeño origen eterno.

Dejaremos atrás estos arcaicos monumentos
dedicados al ego del verdugo.
Me haré, a solas, una isla tan grande como el pecho que toco ahora, y
se crea.

Nuestra

Mujer musgo. Algo oscurísimo te eligió a ti para abordar el día.
Algo tan breve como tentáculos de tierras prolongadas.
Por eso, de no haber sido así, otro gallo cae operístico, y los locos
podrían empezar a recoger la cascara de ternura que se les cae de la mano,
y cada pie cuadrado tuyo contendría el tiempo dispuesto para ser bebido.

Mirándote de frente comprobamos que no nos convino reír,
eso provocó el nacimiento del ruido y sus pedagogías.
Tú, niña pequeñamente infinita, conoces, exacta, la caída de lo oblicuo
que baja por tus ojos hechos de sol puro.

Pájaros con buenas intenciones congresuales anuncian la huida de tu
                    abandono colectivo, pero hablamos de
                              más en tu nombre,
y algunos preguntan por este hueco que sospechan fruta o no.
Nadie podrá saber jamás cómo ocurres en este segundo de la piel,
ni por qué cada vez que sonríes, un ángel, mecánicamente, se arranca las alas.

Las falanges

Y cuando me dispuse a mirar la miseria de nuestra cotidianidad
sólo encontré un olor a llanto.
Algo viejo no dejó que avanzara, algo así
como la pena colonial de nuestros padres
me mato a destiempo al niño que aguarda la rabia
y ya hoy no es ni siquiera posible odiar a los verdugos
que cortan la cabeza del rocío, los
que hacen negocios oscuros con nuestra risa.
No me di cuenta que mis visiones
no han servido de nada, todo lo contrario,
en vez de provocar la cólera en mis hermanos,
han sufrido un ataque de tristeza crónica;
todavía peor, se han acostumbrado al olvido y a la región, al amor
                                                                  fatigado.
Han borrado de sus manos el fulgor para las caricias aun no nacidas.
Y la realidad es esa cosa sucia que ven tirada en el suelo,
de la que todos hablan, nadie recoge, insolente, absorto, bruto de amor.
Pero aun así no hemos conocido la muerte,
la rechazamos por todos los costados,
y se ha ido a otras regiones donde la necesitan, inaplazable.
Gozamos de la vida, y los abrazos se oxidan en los rincones de las casas.
En los caminos se encuentran miles de rostros,
aplastados por el sol, sonrientes.
Todo es una continuidad, una repetición doméstica.
Y ahora ha llegado la prostitución del árbol y la arena
y nadie tiene la cantidad de ojos que se necesita
para ver el hastío que se acumula en las esquinas.

Los ojos de la noche

esta noche me mira como un cíclope coincide conmigo
me encontró de frente ante unos ojos distanciados que son míos

noche esta que no sobrevivirá ya que todos me pisan la cara y nadie
repara en mi nariz y en mi boca una bandada de pájaros anuncia con
sus cantos las elecciones de los muertos

sin embargo en mi pecho nadie se detiene y en mis brazos hay la luz
de quien va muriendo de dolor a su propio entierro

hoy todos se ríen a pedradas sobre mis riñones
me escupen las costillas hasta la sangre
bailan rap como si nada sobre mis testículos
burundú burundán
burundú burundán

mis pies son 2 ranas paralíticas
quiero resolverlo todo en esta noche teatral
pero me faltan las manos y el revólver

En mi calle

Grito a mi barrio

No sé por qué todavía
hay tanta bulla en nuestro patio.
Tal vez sea porque no llegó a tiempo
el pan de cada día
a los huesos tiernos del que reembolsa zafacones,
del que busca
entre los que se mueren de poder
alguna esquina miserable de esperanza.

Hay 100 hombres miserablemente felices
miserablemente hombres
miserablemente
matando contentísimos los piojos de sus bigotes.
Pero hay otras 100 mujeres miserablemente condenadas
al olor macabro de las cocinas
que se pudren a ojo vivo.

Mientras tanto
hay miles de ratas afilando sus inteligencias
con las que matarán
a los que seguirán viniendo
a poblar el mundo de cadáveres:
a los que han de nacer sin manos
sin ojos
sin corazón
sin hambre
(el hambre es ya su pequeña residencia).

Grito a mi barrio miserable de excremento,
a mi barrio de ese miedo policía que sentimos,
a mi barrio fácil y sucio.
Pero mi grito se ahoga
entre la *voladora* y la mano del viejo que acaricia las cerezas de una niña.
Mi grito se muere antes, porque no hay suficientes puñales para los
                                              políticos,
porque hemos guardado con una delicadeza que da pena
las alas y la luz en una caja de cartón.

Mi grito se muere
y el Sol no se detiene a beber agua.

Los desgraciados

Ahí vienen los amigos resumidos en su pequeña matemática.
Cada uno me trae colgando del dedo por donde más se sufre y da
                                                                                 lástima.
Vienen familiar a esta desgracia primitiva y granate.
Llegan cuadrúmanos y ciudadanos...

Yo les golpeo con mi diminuta existencia de mujer abierta a pleno sol,
                                                                            en plena cara.
Los desgraciados amanecen temprano en mi desencuentro,
llegan justo a destiempo,
con la espalda boca arriba
y los dedos llenos de afonía,
siendo ignorados por los que se apuran a empujar el día con sus
                                                                         simples
ocupaciones humanas:
por las señoras que tienen la cara de cóctel y nunca beben alcohol
por el sulfuro que quema la garganta de los vendedores de naranja
por los compra oro
por la muchacha que espera impaciente que algún tipo malo la
                                                                      desgracie
por el ciego que ha olvidado cualquier punto de vista
por los que venden tristes tortas de maíz
por los que son aplastados por los edificios
por los que no tienen bolsillo para echar lo que les sobra de luz
por el policía que vigila el amor trasnochado de los hombres
por la lombriz en el ojo palpitante de marzo
por la niña que es su propia madre.

Los desgraciados me traen un poblado de palabras desnudas
para que yo diga lo que la astronomía engulle
con orgullosa ingenuidad.
Vienen y se paran ante mí, el más infeliz de todos,
el más desgraciado de todos mis amigos.
Me doy un adiós de medio cuerpo.

Croquis

Esta ciudad se cae en sí misma.
Es una abeja que, cabizbaja,
se pasea con su vientre agonizante.

Yo participo.
Abrazo las piedras, camino entre las ruinas...
Las semanas se me pudren en el bolsillo,
y doy un beso del tamaño de todas las cosas
a la mujer conceptual;
saludo al niño que en su sonrisa le nació un querubín muerto:
un niño que nos recuerda a mí.

Esta ciudad se me clava en el pecho. Es algo. Una mano real.

Aquí, en los senos de las prostitutas
hay un jardín de caricias
de manos lavadas con las aguas dudosas del amor.

También hay palabras en el aire
(aquéllas de aquéllos que preguntan por Dios)
amargas, y hay amor y comercio y precios increíbles
y la felicidad en forma de recetario.
Y quienes resbalan en cualquier esquina, en cualquier boca.

En esta ciudad hay una tristeza que nos recuerda a un hombre
parado sobre otro.

No me quedo afuera,
participo, siendo mí mismo,
vacío, descomunalmente vacío,
tan suficiente que me doy risa hasta morir.

El vidente

Mi yo es una perspectiva de lagarto.
Desde aquí, desde este sol que quema la piel de los edificios comerciales,
veo como se monetiza la carne del prójimo
que come incansablemente el corazón de su vecino.
Además puedo ver cómo deja marchitar sus manos
la mujer que interrumpe la luz, y hace que el cielo se vuelva de reojo.

Noto a ambos hijos menores del mundo
trabajar en la reincorporación del odio y sus animales.
Ellos siguen postulando la muerte, reivindicándola y, donde no había,
condicionando el espacio para su beso.
Veo también como este hombre se aproxima a esta mujer,
y la atrae a su boca intelectual, a sus ojos afilados,
en una aproximación de violín desangrándose.

Desde este árbol que reclamo,
desde este punto fuera de la vista de los que llevan el corazón
en el bolsillo, sigo imperturbable ante el movimiento
de las máscaras transeúntes.

Sé que tarde o temprano terminaremos viendo todos
la apertura de los taladros en flor.

Preguntas en este callejón

¿Dónde están los relojes que se marchitan cada 5 p.m.?
¿El pedazo de tu vientre en mi boca?
¿Las cosas sin importancia para el censo:
espejos llenos de cicatrices,
de orgullo,
de espanto?
¿Y las hormigas que pisé?
¿Y los atardeceres tuertos,
o aquéllos que les sobraban ojos?
¿El pie de los que no tuvieron pie?
¿Dónde están las mariposas que se secaron,
las ventanas de las casas que nadie construyó,
los árboles tristes,
las sonrisas de los muertos?
¿Los pelos que caen de las pestañas?

Separación del no pez

Yo no quiero saber qué pasa con los árboles que nadie mira,
ni qué pensarán los diputados de Whitman;
a mí que no me avisen cuando el primer hombre se coma su propia tierra.
Yo ya no tengo rostro (nunca lo tuve).
Se pueden quedar con todas las puertas y universidades.
Que se aparten de mí las teorías y los perros grises del anochecer;
vengan todos a robarme el tiempo
(no es mi costumbre llevar nada en la muñeca, mucho menos un
                                                  alacrán),
y con esos libros (sus pequeñas letras en verdad son hormigas
                                                  congeladas)
vayan a envenenar a otros.
Porque me iré a donde las conjunciones, los objetivos y la luz
no logren alcanzarme.
Nos haré el favor de irme como el loco
que ha hecho de su pecho una paloma.
Viajaré en guaguas amargas y dejaré este poema hasta aquí.

Propio búho

Me veo ahora como Abuelo: parado, sentado y acostado.
Un cadáver tan largo como un país,
reclamando del hermano lo que no soy.

Sobre mi torpe rostro ríe la libertad que sobre a los otros.
Soy apenas ese que camina entre basura y demonios tecnológicos
y curiosas manos de olor púrpura.

Cae sobre mí una guitarra estrepitosamente triste;
escandalosamente inútil, sutil, violenta, diputada.

Es la hora en que los esqueletos alzan un grito al cielo
obsoleto de azul.
El infierno dejó de existir dos copas atrás.

Una mujer sacada de un basural y puesta reina
me reivindica esta estatura verde, esta plaza convertida en árbol.

Se pensó alguna vez que el amor podía salvar al hombre, y así es;
pero ahora necesitamos las manos para quemar los bloques
donde la gente ha levantado sus pequeños suspiros.

En el corazón, en el pelo, el pie derecho del hombre
hay organismos de hermosura que se diamantan,
que no logran ser sino lo bello
donde la mariposa está naciendo para vivir unos cuantos segundos,
porque el mar está en el páncreas y en las vísceras del hombre.

Estoy aquí como cualquiera,
dibujándome hermoso con la mano.
Sin indignarme porque la humanidad perezca
sobre su propia verdad o una orquídea.

APSK

Yo no sé de flores,
no conozco la historia del agua,
pero creo que mi soledad
debería llevar zapatos.

Confesión

Te quiero,
y lo digo
como alguien
que se miente
y no me cree.

Impresión

El día se me llena de muchachas
a punto de reventar de ternura.
Yo apenas tengo manos para verlas, para contemplar
esa doble muerte de sus ojos cansados ya tan pronto.
Ellas fuman delicadas margaritas de cianuro,
de irracionalidad moderna,
de melancólicas horas que se derriten sin sentido sobre sus pechos.
Hacen nacer ojos en todo mi cuerpo
para vigilar mi malicia de hombre desnudo,
de hombre sin palabras o de palabras muy viejas para usarse.
Yo no las culpo, las alabo, las bendigo con mi saliva y mis manos,
les pongo gotas de sudor sobre la frente,
donde dedos ocultos se levantan como ganchos y oprimen
sus carnes descuajadas, sus carnes aún no planificadas para el sexo.
De repente, las hago sentir humanas: les doy por el costado de toda su
                              idiotez sentimental.
Después…
se paran justo en frente de mi pecho;
yo no sé qué hacer con tanto asombro o rostro,
con tanto descuartizamiento del amor.

Biografía del Yo

Antes que nada fue el yo
pero salió de su cueva húmeda y se manchó del mundo
y creció entre grandes y animales
y el proceso de adaptación
culminó en enormes garras afiladas.
El yo vivió todas las guerras,
fue encarcelado, tuvo hambre, traicionó a sus compañeros,
fue chivato y apuñalado.
Pero el maldito sobrevivió.

El yo se metía en los grandes salones a donde van las damas apolilladas,
y los caballeros automáticos,
los mayordomos de la miseria,
los viejos burros pedagogos,
los que se empeñan en guardar un silencio de luna.

Siempre se ha consultado al yo en los concejos de guerra,
en los estados que quieren conservar sus máscaras.
Si hay crisis, el yo viene con soluciones adecuadas,
idóneas.
Sabe quiénes tienen que ser nadie
para que ese objeto obsoleto
(algunos le dicen país, nación, patria)
siga en pie con su respiración aerodinámica.

El yo toma la sobra de las cosas,
busca entre la basura, entre contenes eclesiásticos,
se aburre, toma pastillas, se suicida modernamente,
permanece televisivo, online.

El yo es el engaño de nuestro siglo,
la gran mentira que asumimos con la nariz,
con todo el rostro.
El yo está cansado,
tiene el aire de un viejo condenado al dominó
y permanece tremendamente triste
porque ni siquiera Dante lo viene a visitar.

Ena

Una mujer pequeña me vomita piedras en la cara,
una a la que quiero como cuando se odia,
ella sabe beberse el tiempo mientras la recorro.
Tiene dos ojos: uno a cada lado,
camina, se ríe, y se viste de lluvia.

Muestra Z da apertura a una nueva faceta de esta quimera editorial: **Cuader-nos del Zompopo** y **Zompopo de bolsillo**; una serie de *plaquettes* o *chapbooks* hechos en casa y de forma artesanal, mediante un proceso que combina técnicas digitales de diagramación e impresión, y técnicas análogas y manuales de corte y encuadernación. Cada edición se hará en tirada limitada de no más de 300 ejemplares numerados.

También disponibles en: http://editorialzompopos.blogspot.com/

Zompopos
El libro es un Zompopo

DE TODO LO QUE PASA EN MI CALLE de **Joaquín Castillo Díaz** se terminó de editar y diagramar en abril 2019, en New Hampshire. Esta edición estuvo al cuidado de Keiselim A. Montás, de **Élitro Editorial del Proyecto Zompopos**.

Élitro Editorial del Proyecto Zompopos
El libro es un Zompopo
(*The Zompopos Project*)
New York – New Hampshire

Otors libros de **Élitro Editorial del Proyecto Zompopos**:

Amor de ciudad grande (poemas, 2006)

Allá (diario del transtierro) (poemas, 2012)

Cuando el resto se apaga (poemas, 2013)

Islamabad queda al norte (poemas, 2014)

En sus pupilas una luna a punto de madurar (poemas, 2015)

Como el agua (colección de Haikus) (poemas, 2016)

Like Water (A Haiku Collection) (Poems, 2017)

Hacia Yukahú (poemas, 2017)

ANAGAMI (poemas, 2017)

RETURNING FROM THE UNDERGROUND (Novel, 2017)

MUESTRA Z (compilación editorial, 2019)

Todos disponibles en: http://editorialzompopos.blogspot.com/

El Proyecto Zompopos: Este proyecto promulga al Zompopo (*hormiga corta hojas / atta cephalotes*) como un símbolo de cooperación entre los humanos y nuestro medio ambiente, identificando intereses comunes en necesidades, cultura, lenguaje e ideales. Propone un auto-examen de nuestra cotidianidad y una revisión de nuestras formas de consumo para dar nuevos usos a objetos que normalmente desechamos.

The Zompopos Project: This Project champions the Zompopo (*leaf cutting ant / atta cephalotes*) as a symbol of cooperation amongst humans and our living environment by finding common ground via needs, culture, language and ideals. It proposes a look at our daily lives and a revision of our modes of consumption in order to find uses for objects we would normally discard.

www.ingramcontent.com/pod-product-compliance
Lightning Source LLC
Chambersburg PA
CBHW030133100526
44591CB00009B/645